27
— n 14880.

MALADIE ET DERNIERS MOMENTS

DE SON ÉM. MONSEIGNEUR

LE

CARDINAL MORLOT

ARCHEVÊQUE DE PARIS.

PARIS. — IMP. ADRIEN LE CLERE, RUE CASSETTE, 29.

MALADIE ET DERNIERS MOMENTS

DE SON ÉM. MONSEIGNEUR

LE

CARDINAL MORLOT

ARCHEVÊQUE DE PARIS

GRAND AUMONIER DE L'EMPEREUR

PRIMICIER DU CHAPITRE DE SAINT-DENIS.

PARIS

LIBRAIRIE D'ADRIEN LE CLERE ET Cie

IMPRIMEURS DE N. S. P. LE PAPE ET DE L'ARCHEVÊCHÉ DE PARIS

rue Cassette, 29, près Saint-Sulpice.

1863

Pretiosa in conspectu Domini mors
sanctorum ejus. (Ps. cxv, v. 15.)

Monseigneur le Cardinal sortit pour la dernière fois
le lundi 15 décembre ; malgré les souffrances qu'il
commençait déjà à ressentir, il fut durant toute cette
après-midi plein de calme et d'une douce gaieté. La Su-
périeure d'une Communauté était gravement atteinte :
« Il paraît qu'elle va mourir, dit-il à son Secrétaire, nous
allons aller la voir. » Ainsi sa dernière visite fut pour une
malade qu'il voulait consoler et aider en ses derniers moments. Monseigneur aimait, dans sa charité sacerdotale,
à remplir ce précieux ministère ; il ne manquait aucune
occasion de le faire, et plus d'une famille de son grand
diocèse a conservé l'ineffaçable souvenir de sa sympathie,
de sa bonté, de sa sollicitude pastorale pour les âmes
en ces instants décisifs. C'est sans doute par là qu'il a

mérité ces grâces admirables de résignation, de patience, d'union à Dieu dans les plus affreuses souffrances, qui ont fait de ses derniers jours un trop grand et trop édifiant exemple pour que l'on ne croie pas devoir donner à tous ceux qui l'ont connu et aimé, la consolation d'en savoir les simples et précieux détails.

Monseigneur entra dans le couvent et demeura quelque temps près de la malade. Il aimait toutes ses Communautés ; il se plaisait à encourager leur ferveur et leur régularité, et avait pour elles une bienveillance particulière et une paternelle bonté (1).

Il voulut aller prier dans la chapelle : c'était une des plus pauvres de la grande ville, mais c'étaient celles-là qu'il avait toujours aimées davantage.

Sa première visite, après avoir pris possession du siége de Paris, avait été pour le plus humble de ses sanctuaires, pour cet obscur et triste réduit qui servait alors d'église à la Gare-d'Ivry ; sa dernière devait être aussi pour un des oratoires les plus dénués.

Simple et sans faste au milieu des grandeurs (2),

____

(1) Dans son testament, Mgr le Cardinal a un souvenir particulier pour les Communautés religieuses des différents diocèses qu'il a gouvernés ; il lègue à plusieurs d'entre elles des objets pieux qui lui ont appartenu ; il ajoute : « Je regrette extrêmement de ne pouvoir étendre cette petite distribution à toutes les Communautés religieuses qui me sont si chères ; mais je n'en ai pas la possibilité. Je ne me recommande pas moins avec une entière confiance au pieux souvenir et aux prières de ces Communautés et autres établissements religieux. »

(2) Monseigneur dit dans son testament : « Je demande, je voudrais dire j'exige, que mes funérailles se fassent avec le moins de pompe et d'appareil possible, et qu'on se borne au strict nécessaire. » Sa Majesté l'Empereur a décidé que les obsèques se feraient aux frais de l'État et avec la pompe qui convient aux hautes dignités dont Son Éminence était revêtue.

Monseigneur se plaisait parmi les pauvres, et il savait le leur faire sentir : aussi emporte-t-il les regrets de tous, et plus d'une mère baise sans doute à présent avec émotion, sur le front de son enfant, la place de cette croix que sa main sacerdotale aimait à y tracer avec une bénédiction et un bienveillant sourire, lorsque, au sortir des églises à la fin de ses laborieuses journées, tous se pressaient autour de lui sans qu'il voulût jamais permettre qu'on les écartât.

Monseigneur se rendit au retour chez un autre malade, l'illustre et brillant interprète de nos gloires militaires : il allait aussi là porter force et consolation. — Enfin il voulut passer chez une personne récemment éprouvée par une perte cruelle.

Le soir il était fatigué.

Le mardi 16, Monseigneur dit encore la messe : ce fut la dernière fois, et il lui fallut pour accomplir ce précieux devoir, auquel il ne manquait jamais, toute la force et l'énergie de sa volonté comme de sa foi.

Il présida son conseil de 2 heures à 5 heures 1/2, et s'occupa de toutes les affaires ; mais il était déjà fort souffrant : « Je ne sais, disait-il, mais je n'ai jamais été comme cela. » Il craignait de ne pouvoir faire l'ordination, et pour ceux qui avaient coutume de l'approcher, c'était la marque d'un bien grand malaise : car non-seulement il ne se plaignait jamais, mais il ne permettait même pas qu'on lui demandât de ses nouvelles ni qu'on parût s'apercevoir de quelque altération de sa santé.

Le mercredi 17, on lui proposa d'avertir M. Cru

veilher, dont l'affectueux et ancien dévouement devait l'entourer de tant de soins pendant ses derniers jours : Monseigneur y consentit après quelque résistance. La maladie fut dès lors déclarée sérieuse, et on lui défendit de continuer à dire son bréviaire. Cette défense lui fut très-sensible, et il s'en plaignit : il aimait la prière publique de l'Église, il avait coutume de commencer son bréviaire dès que l'heure où l'on pouvait le faire était venue ; on le voyait alors prendre son livre, se recueillir et réciter avec un profond respect les pieuses paroles de la sainte liturgie.

Dès le jeudi il dut renoncer à faire lui-même l'ordination : ce fut aussi une grande peine, et pendant les jours qui suivirent il pria souvent pour ceux qui se préparaient dans la retraite à recevoir les ordres sacrés.

Le vendredi, Monseigneur fut beaucoup plus mal, une crise d'étouffement le fit cruellement souffrir ; il consentit à ce qu'une Sœur de Bon-Secours fût appelée. Lorsqu'elle arriva, il lui dit : « Ma Sœur, vous venez soigner un pauvre malade qui ne sait pas ce qu'il a, mais qui souffre beaucoup. — Avec des soins et l'aide de Dieu vous guérirez, Monseigneur. — Non, ma Sœur, non, je ne guérirai pas. » Après une saignée que l'on avait crue nécessaire, il dit : « Ma bonne Sœur, je ne suis pas mieux : je crois qu'il faut que je pense sérieusement à mon éternité. » A partir de ce jour M. le docteur Vignolo, désiré par Monseigneur, vint près de lui et ne le quitta presque plus.

Le samedi, il parla d'affaires à plusieurs de ses Vicaires généraux et voulut encore se mettre à son bureau : « J'ai beaucoup de choses à faire, dit-il. —Mais, Monseigneur, vous allez vous fatiguer : après la saignée d'hier vous ne devriez pas écrire, ni même toucher vos papiers. —Il y a des choses, reprit-il, que l'on doit toujours faire soi-même : un évêque ne doit s'arrêter que lorsqu'il ne peut absolument plus aller. » Il écrivit alors trois lettres pour Rome : ce furent les dernières ; il paraissait fort préoccupé : on sentait que dans sa pensée c'était un dernier et filial devoir qu'il tenait à remplir entièrement. Il s'assura le soir que ses lettres étaient parties, et parut tranquillisé : « Maintenant, dit-il, je suis calme, cela ira mieux : j'ai fait tout ce que je désirais. »

Le dimanche 21, Monseigneur souffrait beaucoup : il tenait sa tête entre ses mains, et la douleur lui arrachait parfois des cris. Il répétait alors : « Puissé-je ne point manquer de patience ! » C'était une de ses prières comme de ses craintes les plus habituelles. Il disait parfois : « Je voudrais mourir. — Monseigneur, il faut que vous souffriez beaucoup pour désirer tant la mort. — Oh ! c'est que j'ai peur de manquer de patience. »

Le lundi 22, il fit venir un de ses prêtres, et lui parla de la lettre qu'il désirait faire afin de recommander la quête pour la reconstruction de la basilique de Saint-Martin : il prenait à cette œuvre le plus vif intérêt et demanda qu'on recueillît les souvenirs du culte de ce grand saint dans l'Église de Paris.

Le mardi 23, un de ceux qui l'entouraient dit devant lui au docteur Cruveilher : « Quand Son Éminence sera rétablie, il faudra qu'elle se ménage plus

qu'elle ne l'a fait par le passé. » Le docteur insistait en
ces ens. « Je n'entends pas du tout les choses comme cela,
dit Monseigneur ; on n'est pas évêque en telle ou telle.
mesure, pour tel ou tel devoir : on l'est pour tout et
pour tous ; » rappelant ainsi ce qu'il répondait souvent,
lorsqu'en santé on lui demandait de ne pas tant se fatiguer : « Quand je n'en pourrai plus, je m'arrêterai, et
ce sera fini. »

Le mercredi 24, on lui disait : « Monseigneur, on prie
beaucoup pour votre guérison. — Ce n'est pas pour un
bien, répondit-il ; mais on fait bien de prier pour moi,
parce que quand on est malade on ne peut guère
prier. »

On obtint ce jour-là qu'il consentît à une consultation ;
MM. Cruveilher et Vignolo la désiraient. MM. Andral et
Rayer furent appelés. Ce dernier continua dès lors à
donner à Son Éminence, deux ou trois fois chaque jour,
les soins les plus dévoués, avec des paroles pleines de
netteté et de sympathie, qu'elle aimait à entendre.

Le soir, Monseigneur engagea la Sœur qui le soignait
à retourner à sa Communauté pour y assister à la messe
de minuit : « D'ailleurs, lui dit-il, nous aurons ici la
messe de minuit : je m'en réjouis, je veux y aller. »
Tous s'unirent pour l'en détourner, mais il reprit nettement et de façon à ne plus permettre d'observations :
« Mes plans sont faits depuis quatre jours pour
cela. »

Vers onze heures une crise survint. « O mon Dieu !
disait Monseigneur, je ne pourrai pas aller à la chapelle.
— Monseigneur, si vous ne le pouvez pas, on vous ap-

portera du moins la sainte Communion. — Oh ! non !
j'y tenais tant ! car ce sera probablement la dernière
messe que j'entendrai. »

Un peu avant minuit il se rendit à la chapelle, appuyé
sur un de ses prêtres et sur le bras d'un de ses do-
mestiques, dont le dévouement l'entourait des soins les
plus intelligents et les plus assidus. Il se mit à genoux,
se leva à l'Évangile, puis s'assit et se remit à genoux
à l'élévation ; il se tint ensuite debout jusqu'à la communion, et s'agenouilla de nouveau. Toutes les personnes de sa maison l'entouraient et communièrent
après lui. Sa volonté maîtrisait la douleur, mais l'altération de ses traits faisait assez comprendre combien
il souffrait. Il se retira après le dernier Évangile.
« Monseigneur, lui dit-on, vous devez être bien fatigué.
— Oh ! non, non.... Il faut me laisser seul un moment. » La Sœur revint après avoir entendu la seconde
messe : « Monseigneur, comment vous trouvez-vous ?
— Comme à l'ordinaire, mais bien heureux d'avoir pu
par cet acte commencer sérieusement à me préparer
à la mort. »

La nuit fut pleine d'angoisses et de défaillances. « Il
faut donc bien souffrir pour mourir, disait Monseigneur ;
il me semble toujours que je vais mourir, et cependant je
ne meurs pas. » Et comme on l'assurait qu'il ne mourrait
pas dans ces grandes crises. « Du moins, dit-il, il faut
que j'en profite pour me préparer à bien mourir. »

Dans la matinée il songeait à la messe qu'il avait
espéré célébrer pontificalement, c'était le jour de
Noël : « Oh ! quels beaux offices ! disait-il : que c'eût

été consolant pour moi, dans cette belle cathédrale, à présent si magnifiquement restaurée ! C'est si beau la prière publique, les Chanoines faisant leur office dans l'Église !... » Monseigneur aimait les cérémonies de l'Eglise : il s'unissait aux prières, qu'il savait toutes de mémoire ; il chantait avec le chœur, et se plaisait à voir chacun accomplir exactement ses fonctions en observant toutes les rubriques, pour lesquelles il avait un religieux respect. — Il disait parfois : « J'étais fait pour être chanoine. »

Vers midi l'état s'aggravait. Un de ses prêtres lui dit : « Monseigneur, vous souffrez toujours beaucoup, vous voyez que les remèdes ne font plus rien ; mais vous savez que l'Église a ses remèdes aussi, et Votre Éminence sait toute leur puissance.

— Oh ! oui, répondit-il, j'y ai déjà pensé ; mais les médecins, vous les avez entendus : ils me donnent toujours si grande espérance que je ne croyais pas qu'il fût temps ; mais je vais en parler à M. Cruveilher, et ce sera pour demain. Du reste, il faut que je vous parle auparavant. » Une heure après, le même prêtre revint et s'assit aux pieds de Monseigneur, qui était dans son lit, sur son séant, les mains jointes. Il fit retirer tout le monde et lui dit : « Mon ami, il faut donc nous quitter ; mais avant de se quitter il faut régler toutes choses. J'ai fait plusieurs fois mon testament ; on en trouvera un que je vous remettrai moi-même demain : j'espère y avoir tout prévu et tout réglé de manière à éviter toutes les difficultés. Du reste, je laisse peu de chose : mais pour le peu que je laisse, je désire que mes dernières intentions soient fidèlement observées. J'ai des parents, pour qui j'ai fait ce que je devais faire. Je leur ai abandonné ce qui me revenait de l'héritage paternel, et je les ai aidés comme un bon parent doit le faire. Pour le reste, il me venait de l'Église, et il a dû retourner à l'Église. »

Monseigneur avait en effet coutume de dépenser ses revenus à mesure qu'il les recevait ; il ne gardait rien d'un trimestre sur l'autre et il ne laisse en mourant que ce qu'il n'a point encore touché. Toutes les conférences de Saint-Vincent de Paul, toutes les œuvres de Paris savent sa générosité : il ne les visitait jamais sans leur laisser de riches aumônes, et lorsque l'une d'elles était en de graves embarras, il venait à son secours en lui donnant des sommes considérables, plusieurs fois jusqu'à 8,000, 10,000 francs et même davantage. Plusieurs personnes charitables étaient employées à visiter les pauvres qui lui adressaient des demandes, afin de constater leurs besoins : car sa charité était sage et bien ordonnée, autant que généreuse. Nulle véritable misère n'était laissée sans un secours, que son cœur eût voulu rendre plus abondant. Ceux qui l'entouraient cherchaient parfois, mais en vain, à modérer la pente qui le portait à tout donner ; et durant les quelques jours de sa dernière maladie sa porte était assiégée de malheureux de toute sorte, qui disaient, aussi bien que les personnes dévouées aux œuvres, combien de fois sa générosité les avait soutenus, et qui révélaient mille traits de charité que ses plus intimes mêmes n'avaient jamais connus.

Vers deux heures un religieux vint le voir.

« Comme je suis content de mourir ! lui dit Monseigneur; ma position est si difficile et le moment si propice ! voici les plus belles fêtes : la Nativité , S. Étienne, S. Jean, les SS. Innocents ; après tout on voit si bien en ce moment que le bon Dieu a toujours la main sur son Église pour la protéger ! »

Il parla des derniers sacrements, qu'il comptait recevoir le lendemain. Dieu lui donnait une sérénité d'âme admirable. « J'ai communié cette nuit, disait-il, je suis tout à fait tranquille.

— Monseigneur, reprit le Révérend Père, ne diriez-vous pas volontiers la prière de votre saint prédécesseur sur le siége de Tours en sa dernière maladie : *Domine, si adhuc populo tuo sum necessarius, non recuso laborem?* » Seigneur, si je suis encore nécessaire à votre peuple, je ne refuse pas le travail. Il écouta ; puis, se retournant avec un sourire : « Oh ! mon Père, dit-il, la première partie ne me va pas, je ne puis pas dire : *Si adhuc populo tuo sum necessarius* (1) ; je dirai bien : *Non recuso laborem* (2); mais ce que je dis de tout mon cœur, c'est : *Fiat voluntas tua* (3). »

Dans la journée, le docteur Cruveilher revint, Son Eminence décida qu'elle recevrait les derniers sacrements le lendemain à huit heures et demie.

La nuit fut affreuse. — A trois heures du matin,

(1) Si je suis encore nécessaire à votre peuple.
(2) Je ne refuse pas le travail.
(3) Que votre volonté soit faite.

Monseigneur, ne pouvant plus demeurer en son fauteuil, se leva, et, appuyé sur son domestique, passa dans le salon voisin de sa chambre. Il y trouva un de ses prêtres. « Comment ! dit-il, vous êtes là ! » Il lui en fit comme un bienveillant reproche : « Ce qui me fait le plus de peine dans ma maladie, disait-il souvent, c'est de fatiguer tout le monde. » Aussi, lorsque l'on demeurait pour le servir au besoin, il fallait éviter ses regards ; il eût été peiné de la pensée qu'il causait quelque fatigue, fatigue si douce cependant à tous ceux qui l'entouraient. Monseigneur s'assit sur un canapé : « Je n'en puis plus, dit-il. » Il se penchait à droite et à gauche avec une sorte d'anxiété. « J'ai besoin de voir M. ... le plus tôt possible, pour lui donner quelques instructions ; puis il faudra prévenir aussi M. Buquet. Je désire recevoir les sacrements, et que cela ne tarde pas, parce que le mal est rapide, et je m'en vais. »

Les étouffements augmentaient ; Monseigneur semblait suffoquer ; ces messieurs descendirent, il était près de cinq heures. Dès que M. ... arriva, la figure de Son Eminence exprima une vive satisfaction, comme si elle eût été délivrée d'une grande inquiétude : « Ah ! vous voilà, dit Monseigneur : le temps presse, nous allons passer dans mon cabinet. » Il s'y rendit avec peine, fit fermer les portes, et son domestique lui ayant donné ses clefs, il le renvoya et demeura seul avec M. l'abbé ... Indiquant un tiroir : « C'est là, dit-il, qu'est mon testament. » Il le reconnut et dit : « C'est bien. » Puis, pendant 20 à 25 minutes Monseigneur expliqua nettement toutes ses intentions, recommanda tous ses domes tiques, qu'il aimait, et qui lui étaient tous dévoués ; et, montrant ses papiers, ses meubles et les petits objets qui lui appartenaient, il disait de chaque chose, avec calme et avec une paix complète, ce que l'on devrait en faire après sa mort. — Quand ce fut terminé, il parut soulagé : il avait voulu en finir avec les choses de la terre, et n'en dit plus un mot pendant les trois jours qu'il vécut encore.

« Maintenant, ajouta-t-il, c'est à M. Buquet à venir pour les sacrements. » Il présida lui-même aux apprêts de la sainte cérémonie, désignant les objets dont il voulait que l'on se servît, et réglant toute chose avec une parfaite sérénité.

M. Buquet entra seul.

« Eh bien ! lui dit Monseigneur, vous allez remplir un devoir pénible, mais aussi bien consolant ; je n'ai plus que peu de temps à vivre ; je ne crains pas la mort et je ne regrette pas la vie ; j'ai eu des peines, mais j'ai trouvé autour de moi un concours dévoué, qui m'a bien soulagé ; j'en suis bien reconnaissant ; maintenant, je ne demande plus autre chose que la volonté de Dieu. »

Monseigneur se fit donner sa croix et son anneau ; il suivit les prières en répondant à toutes. A cette question : « Mourez-vous dans la foi de l'Église ? » il répondit avec une émotion profonde et solennelle : « *In fide vivo Filii Dei, qui dilexit me et tradidit semetipsum pro me* (Galat. II, 20) : Je vis dans la foi du Fils de Dieu, qui m'a aimé et qui s'est livré pour moi. » M. Buquet présenta le crucifix à Son Éminence, qui y colla ses lèvres pendant quelques instants. Monseigneur bénit ensuite tout son diocèse, puis en particulier ceux qui l'entouraient, sans oublier sa maison : « Allons, dit-il à l'un de ses plus anciens serviteurs, je vous quitte à regret : vous m'avez toujours bien servi; soyez toujours un brave homme et un bon chrétien, et la bénédiction de Dieu demeurera sur vous. » — « Mon ami, disait-il à celui sur lequel il s'appuyait sans cesse pendant ses crises, je vous aime bien, vous êtes un honnête homme et un bon chrétien : c'est pour cela que je me suis attaché particulièrement à vous. Je vous donne ma bénédiction, et je vous assure que le bon Dieu ne vous abandonnera pas. » Il bénit un troisième : « Pour vous, dit-il, et aussi pour votre petite famille. » Il eut une pensée pleine de bienveillance pour l'enfant qui faisait la lecture à sa table pendant qu'il prenait ses repas : il pria qu'on lui remît de sa part, le jour de sa première communion, un souvenir qu'il désigna lui-même.

L'un de ses grands Vicaires, dont la demeure était plus éloignée, arriva peu après. Il témoigna combien il lui était précieux de le revoir, puis il exprima encore la crainte de manquer de patience; et comme on lui disait que la nature succombait et non la volonté, mais que Notre-Seigneur le soutiendrait : « C'est vrai, dit-il, j'ai confiance en Notre-Seigneur. Cependant, quel compte à rendre ! »

Un de ses prêtres, venant de célébrer la messe à son intention, lui disait : « Monseigneur, vous souffrez beaucoup ; mais nous venons de prier S. Étienne de vous être en aide. » C'était le jour de la fête de ce saint.

Il répondit aussitôt : « Que ne puis-je dire avec lui : *Video cœlos apertos!* » Je vois les cieux ouverts. — Je l'espère, Monseigneur ; mais, quoi qu'il en soit, il faut toujours dire : *Domine Jesu, suscipe spiritum meum :* Seigneur Jésus, recevez mon esprit. — Oh ! oui. » Et il répétait : *In manus tuas, Domine, commendo spiritum meum,* » paroles qu'il avait bien souvent sur les lèvres ; avec ces autres : « *Moriatur anima mea morte justorum :* Que mon âme meure de la mort des justes. »

Vers 9 heures 1/2 un de ses Vicaires généraux s'approcha de lui. « Je suis bien malade, lui dit Monseigneur, et je souffre beaucoup ; priez Dieu qu'il me fasse miséricorde et qu'il me soutienne : car j'ai bien besoin de son secours. » On lui proposa de lui appliquer l'indulgence plénière à l'article de la mort ; il répondit avec un sourire affectueux et un air très-pénétré : « Il me sera très-doux de recevoir de vous cette bénédiction. » Il fit prendre sur son prie-Dieu un crucifix auquel il tenait particulièrement ; on le plaça devant lui sur la table, et il y demeura jusqu'à sa fin ; pendant les jours qui suivirent et au moment de ses plus grandes angoisses, Monseigneur relevait vers lui ses regards résignés et suppliants. Lorsque l'on voulait lui faire prendre quelque position plus commode, mais dans laquelle il ne pouvait plus voir ce soutien et ce divin Modèle, il refusait ou n'y demeurait pas longtemps : il sentait que pour lui la force était là. Il baisait souvent la croix ; quand on la lui présentait, il y appliquait ses lèvres avec un sourire et ne pouvait les en détacher ; son visage s'épanouissait un moment : on eût cru que la douleur disparaissait. Il aimait à entendre les noms des saints qui ont beaucoup souffert. On lui parlait de Ste Thé - rèse : « Oh ! oui, mais je suis bien lâche auprès d'elle, car elle disait : *Ou souffrir ou mourir*, et même, *Toujours souffrir et jamais mourir*. » Puis, baisant encore la croix : « Mon Dieu, je vous aime de tout mon cœur. » On lui proposa d'avoir recours à des prières auxquelles Dieu avait plusieurs fois accordé des miracles. On lui demanda s'il y avait confiance : « Oui, répondit-il, j'y ai confiance ; mais ce que je sais de mieux, c'est d'accepter les croix que le bon Dieu nous envoie, et même de les aimer. Je ne veux pas qu'on emploie pour moi des voies extraordinaires. » Lorsqu'on lui présentait quelque potion, il disait : « A quoi bon ? — A vous faire faire un petit sacrifice de plus, Monseigneur. — Oh ! si c'est comme cela, donnez. » La Sœur avait pris l'habitude, en lui présentant chaque chose, de lui dire : « Allons, Monseigneur, encore un sacrifice, encore un peu de fiel et de vinaigre ! » C'était le moyen de faire tout accepter.

Dans la matinée, Son Excellence le Nonce apostolique voulut bien venir s'informer de l'état de Son Éminence, et demanda à la voir. Monseigneur craignait d'abord de ne pouvoir parler et de ne point recevoir comme il l'eût désiré le représentant du Souverain Pontife ; mais Son Excellence le rassura par les paroles les plus affectueuses remplies d'une douce et compatissante piété, témoignant aussi l'espérance de le voir guérir. « Je ne le désire pas, » reprit Monseigneur ; puis il pria Son Excellence de redire encore au Saint-Père ses sentiments de dévouement filial, comme ses remercîments pour toutes les bontés dont il l'avait comblé pendant cette dernière année. La lettre qu'il avait reçue du Souverain Pontife en réponse à l'adresse du clergé de Paris lors de la retraite ecclésiastique, l'avait surtout profondément touché. Lorsqu'il lut à son conseil les paroles si bienveillantes et si consolantes qu'elle contenait pour lui, il les répéta plusieurs fois dans le texte latin ; et, bien qu'il désirât que cette lettre fût connue des fidèles, il ajouta qu'il n'osait en faire ni en envoyer la traduction, à cause des choses trop flatteuses que le Saint-Père voulait bien dire de lui.

Avant que Son Excellence se retirât, Monseigneur lui dit : « Je ne désire plus qu'une grâce : c'est que, s'il en est encore temps, on demande pour moi la bénédiction du Saint-Père. Je le désire instamment et ardemment. » Ce désir avait été prévenu, et la demande avait déjà été adressée à Rome. La précieuse bénédiction arriva durant la journée. On vint aussitôt apporter à Monseigneur la dépêche. « Le T. S. Père, était-il dit, accorde à Son Eminence le Cardinal Morlot sa bénédiction apostolique, et prie pour lui : *e prega per lui.* » En entendant ces paroles il fut infiniment consolé : « Gardez-bien cela, mon ami, dit-il à son Secrétaire : c'est bien précieux ! »

Son Excellence voulut bien, à partir de ce moment, revenir trois fois chaque jour visiter Monseigneur, et sa présence comme ses paroles étaient pour le vénéré malade une source de force et de consolation. Le samedi,

Monseigneur, après un court entretien, remercia de nouveau Son Excellence. « Hier, lui dit-il, vous m'avez donné la bénédiction du Saint-Père, donnez-la-moi encore : cela me fait tant de bien. » Il revenait souvent à cette pensée. « Comme vous souffrez, Monseigneur, lui disait la Sœur : qu'est-ce que je pourrais donc faire pour vous soulager ? — Ma bonne Sœur, le Saint-Père y a pourvu en m'envoyant sa bénédiction, et cela me soulage beaucoup. » On l'engageait à avoir confiance dans les remèdes que les médecins ordonnaient ; il répéta jusqu'à trois fois : « J'ai confiance dans les mérites de Notre-Seigneur et dans l'indulgence que le Saint-Père a daigné m'envoyer. »

Vers midi une seconde Sœur de Bon-Secours vint pour le soigner. Après l'avoir bénie, il lui dit : « Vous venez, ma bonne Sœur, pour m'aider à bien mourir. — Monseigneur n'aurait point besoin d'être aidé pour cela : je viens pour l'aider à se rétablir le plus promptement possible. — A cet égard, ma bonne Sœur, je ferai la volonté de Dieu ; mais je vous assure que je n'y tiens pas, et si Dieu veut me faire miséricorde, je ne serai pas fâché d'aller à lui. »

La Sœur lui demanda sa bénédiction pour sa Communauté. « Je vous la donne de tout mon cœur, dit-il, et que la multitude de mes fautes ne soit pas cause que Dieu ne répande pas abondamment ses grâces sur cette Communauté. »

Durant tout le jour la porte de l'archevêché était assiégée par ceux qui venaient demander des nouvelles avec un anxieux intérêt ; quand le bulletin donnait quelque espérance, on s'en allait le visage épanoui. Les prêtres surtout venaient en foule : MM. les Curés de Paris se succédaient sans cesse, regrettant de ne pouvoir être admis près de Monseigneur, que son état privait de la consolation de les voir une fois encore : les médecins l'avaient absolument défendu. On lui disait de temps à autre leurs noms : il bénissait alors les pasteurs et les paroisses. Monseigneur aimait profondément son clergé : les intérêts de chacun lui étaient chers; il s'en occupait avec affection. Tous ses prêtres le savaient : aucun d'eux ne l'a abordé sans être heureux de son accueil si facile, où l'on sentait le père sans oublier jamais la dignité de l'évêque. Chacun recueillait de sa bouche une parole d'encouragement, d'estime, et on ne l'approchait guère sans emporter la pensée que l'on était de sa part l'objet d'une particulière bienveillance.

Cependant Son Éminence était très-oppressée. Un de ses prêtres lui dit : « Monseigneur, Dieu est avec vous. » Il répondit : « Puissé-je être toujours avec lui, et bientôt! » La crise continuait : « Monseigneur, le bon Dieu imprime sur vous la croix de son divin Fils. — La croix de Notre-Seigneur, reprit-il, est toujours bonne et sainte. » Il la baisa de nouveau plusieurs fois de suite, avec les marques les plus touchantes de son amour pour le Sauveur crucifié.

Il appela un de ses serviteurs : « Adieu, mon ami, lui dit-il, adieu ! je vous souhaite une bonne année, je vous souhaite bien des bonnes années, à vous, à votre famille, à vos petits enfants; vous savez combien je vous suis attaché, je prierai Dieu pour vous. »

C'était toujours pendant la nuit que les heures lui étaient plus pénibles. Assis sur son fauteuil, ne pouvant ni s'étendre ni reposer, sans un moment de véritable sommeil, il répétait sans cesse, mais avec un accent inimitable mêlé d'angoisse et de confiance : « Mon Dieu, mon Dieu, ayez pitié de moi. » Parfois il ajoutait : « Sainte Vierge, priez pour moi ; Saints du ciel, intercédez pour moi. »

Le samedi 27 à 8 heures 1/2 , on crut qu'il allait passer, et on lui offrit de réciter les prières des agonisants : il s'y unit, répondant et faisant aux moments indiqués de grands signes de croix avec une force et une énergie singulières.

« Oh! si le bon Dieu pouvait donc abréger mon épreuve! dit-il à un de ses Secrétaires.—Monseigneur, je viens de lire à la messe pour la fête de S. Jean : *Sic eum volo manere :* Je veux qu'il demeure ainsi.—Oui, reprit-il, le meilleur est de se tenir avec confiance sur le cœur du bon Maître avec saint Jean. »

Un de ses Vicaires généraux s'approcha de lui : Monseigneur lui parla de son état intérieur, qui était fort calme : il se sentait dans une très-grande paix. Il reçut de nouveau l'absolution, comme une nouvelle grâce à laquelle il attachait beaucoup de prix.

Le soir, vers sept heures, S. M. l'Empereur vint, sans s'être fait annoncer, rendre visite à Son Éminence. Il s'assit près de Monseigneur, s'informa de sa santé avec le plus vif et le plus bienveillant intérêt, lui disant combien l'Impératrice était aussi préoccupée de sa maladie. Il lui parla de la bénédiction du Saint-Père qu'il avait reçue, et exprima l'espérance de le revoir bientôt. Monseigneur fut profondément touché, il remercia l'Empereur de sa condescendance : « Dans mes souffrances, lui dit-il, je n'oublie pas de prier pour Votre Majesté, pour l'Impératrice et pour le Prince Impérial. »

Dans la soirée on lui parlait encore de guérir : « Ce ne serait pas un bien, répondait-il, il ne m'est pas bon de vivre : tout ce que je désire, c'est la grâce de Dieu ; la santé s'il le veut, pour travailler à son œuvre, et la vie ignorée (1)!... »

Son Éminence entrait le lendemain dimanche dans sa soixante-huitième année.

Vers onze heures et demie du soir, un de ses prêtres s'approcha de lui : « Monseigneur, vous nous avez dit que c'était demain le jour de votre naissance. » Il reprit aussitôt : « Et ce sera aussi, j'espère, celui de ma délivrance. — Monseigneur, Votre Éminence ne désirerait-elle pas commencer ce jour en recevant la sainte Communion? — Mais certainement.....; j'aurai encore bien des luttes à soutenir!... »

Une crise survint, on craignit que Monseigneur ne fût trop fatigué. Lorsqu'elle diminuait, il dit : « Quelle heure est-il? — Minuit et demi. — C'est bien, il faut tout préparer. » On dressa devant lui une petite table

(1) Monseigneur exprimait cette même pensée dans son testament : « Cette carrière épiscopale, j'aspire à l'interrompre et je demande à Dieu cette grâce, dans le désir de me préparer à rendre le compte redoutable qui me sera demandé bientôt, et de m'y disposer plus sérieusement que je ne l'ai fait jusqu'ici. »

avec les flambeaux et la croix qu'il aimait. Cinq de ses prêtres étaient près de lui : ils se rendirent à la chapelle ; l'un d'eux, revêtu de l'habit de chœur, prit le Saint-Sacrement, deux autres portaient des flambeaux. On s'achemina, pleins de recueillement et d'émotion, dans ce silence solennel de l'heure avancée, vers la chambre du vénéré malade. Ses yeux se fixèrent sur l'Hostie sainte, et son regard reprit quelque chose de sa sérénité, de sa douceur, de son pieux respect, que la douleur rendait plus touchants encore. Lorsqu'il eut communié, ses prêtres se retirèrent profondément émus et consolés, tandis que l'un d'entre eux, resté près de Monseigneur, lui suggérait comme action de grâces les paroles de S. Thomas expirant, qu'il répéta lui-même : « *Te revelata cernens facie visu sim beatus tuæ gloriæ !* Puissé-je bientôt, ô mon Dieu, vous voyant face à face, être à jamais bienheureux dans la contemplation de votre gloire ! »

La nuit fut comme de coutume très-douloureuse.

Le dimanche 28 au matin, il dit : « Ma Sœur, qu'avez-vous demandé pour moi dans votre prière ? — Monseigneur, je faisais ma méditation sur le *Pater.* — Où vous êtes-vous arrêtée ? — A ces paroles si belles : *Que votre volonté soit faite.* — Et moi aussi, c'est toujours là que je m'arrête. Oui, que votre volonté soit faite !... » Il redisait souvent : « *Fiat voluntas tua.* »

Il se recommandait fréquemment à la Vierge en disant le *Souvenez-vous.* Il aimait aussi à répéter : *Maria mater gratiæ, mater misericordiæ, tu nos ab hoste protege et hora mortis suscipe* (1). Il prononçait lentement ces derniers mots, qu'il semblait préférer. Parfois on lui suggérait : « Consolatrice des affligés, venez à mon secours; » il reprenait : « Oh oui ! venez à mon secours !... venez à mon secours !... »

Ses prêtres récitaient près de lui les litanies : Monseigneur s'y unissait. — Arrivé à *Consolatrix afflictorum*, il répéta cette invocation huit ou dix fois, tandis que l'on continuait, et ne redit plus avec ceux qui l'entouraient que : « *Regina sine labe concepta, ora pro nobis !* Reine conçue sans péché, priez pour nous !... »

Souvent dans les plus grandes crises il prenait en main le crucifix de la Sœur : « Ma Sœur, dites-moi votre petite prière à la sainte Vierge, mais bien bas, bien bas et lentement. » La Sœur disait : « C'est à votre assistance que nous avons recours, ô sainte Mère de Dieu : ne méprisez pas les prières que nous vous faisons dans nos nécessités, mais délivrez-nous en tout temps, ô Vierge glorieuse et bienheureuse, notre reine, notre avocate, notre médiatrice ; reconciliez-nous avec votre Fils. » Monseigneur alors continuait et achevait seul : « Réconciliez-nous et présentez-nous à votre Fils maintenant et à l'heure de notre mort. Ainsi soit-il. » Il récitait fréquemment cette prière, et souvent plusieurs fois de suite.

Il se recommandait aux saints : « Saint Joseph, c'est le patron des malades et des mourants ; je l'aime de

______

(1) Marie, Mère de la divine grâce, Mère de miséricorde, protégez-nous contre l'ennemi, et recevez-nous à l'heure de la mort.

tout mon cœur !.. »—« Mon bon Ange gardien, disait-il encore, toute la cour céleste, venez à mon secours. Protégez-moi; oh ! j'ai bien besoin qu'ils viennent à mon secours !... je suis si misérable !... »

On lui présentait quelques fragments d'objets ayant appartenu au curé d'Ars : il les baisa plus de dix fois en répétant : « O modèle des prêtres !... ô type des prêtres !... oh! le saint prêtre !... » exprimant par là son respect, puis l'estime qu'il faisait de cet esprit sacerdotal, dont lui-même semblait posséder si parfaitement la plénitude. On peut dire en effet que toute sa vie se résume en ce mot: c'était vraiment un prêtre ; dans tous ses rapports avec le monde et avec les grands, comme avec l'Église et avec les petits, il était prêtre avant tout, et c'est la raison de cette estime universelle dont il était, dont il est plus que jamais entouré. C'était pour lui le plus bel éloge à faire d'un prêtre que de dire de lui : Il a vraiment l'esprit sacerdotal. Sa préoccupation dans son long épiscopat a toujours été d'entretenir et de développer cet esprit.

Cependant le mal augmentait, les angoisses étaient déchirantes, les pensées de la foi soutenaient seules son courage. « Ma Sœur, disait-il, je n'ai pas besoin de vous dire qu'il faut me parler du bon Dieu : c'est la consolation des malades, c'est ma vie. » Un peu après: « Ma Sœur, vous ne me dites plus rien.—Eh bien, Monseigneur, disons : Patience de mon Dieu, je m'unis à vous ; résignation de mon Dieu, je m'unis à vous. — Oui, ma Sœur, oui, tout pour l'éternité!... tout pour l'éternité !... plus rien pour la terre !... »

Dans la journée il parlait du ciel. « Monseigneur, lui dit un de ses prêtres, restez encore avec nous, nous vous ferons tous, par notre cœur et notre affection, un petit paradis sur cette terre. » Il reprit avec un sourire : « Celui-là, je n'en suis point inquiet : il existe déjà pour moi. » Un peu plus tard on lui disait : « Quand vous serez au ciel, mon père, vous n'oublierez pas vos enfants, vous prierez pour eux. » Il répondit : « Je n'y manquerai pas. — Et nous aussi, nous ne vous oublierons jamais... — Merci, j'y compte. »

On offrit à Monseigneur de lui donner de nouveau l'indulgence plénière à l'article de la mort : il accepta avec reconnaissance, et, comme il faisait déjà presque nuit, il indiquait les paroles quand on hésitait en les lisant.

Le soir, on lui parla des prières que l'on faisait pour lui au séminaire et dans tout son diocèse. Il répondit : « J'en suis bien touché et bien reconnaissant. C'est à cela que je dois d'avoir un peu de patience. Je n'en suis pas digne, mais je l'obtiens par les prières que l'on fait pour moi. Le Saint-Sacrement est exposé : les bonnes Communautés ! les bonnes âmes !... Que l'on est donc bon de prier pour moi !... »

Les médecins vinrent le voir vers dix heures du soir. Ils ne purent dissimuler leurs craintes : « Nous allons, dirent-ils, tout fixer pour la nuit, et demain matin nous espérons du mieux. — Demain, reprit Monseigneur, *in pace in idipsum dormiam et requiescam ;* demain je me serai endormi et je reposerai dans la paix et dans le sein même de mon Dieu. »

Il était tard. « Allons, mes bons messieurs, dit-il à ses prêtres, il faut aller vous reposer ; suivez toujours les desseins de Dieu sur vous, et ne cherchez que la gloire de la sainte Église. » Ce furent ses adieux.

Cette nuit devait être la dernière ; elle fut plus pénible que toutes les autres. « Mon Dieu, mon Dieu, disait-il, quelles angoisses !... quelle détresse !... »

M. le docteur Vignolo se tenait près de lui ; désolé de voir la science impuissante à soulager ses douleurs, il lui suggérait de bonnes pensées : « Monseigneur, lui disait-il, vous êtes au jardin des Oliviers, *in cruce vita*, *in cruce salus ;* tout ce chapitre de l'*Imitation* me revient à la pensée près de vous. — A moi aussi, dit Monseigneur. — Vous êtes avec Notre-Seigneur sur la croix. — Merci, vous me dites toujours des choses pieuses et affectueuses. » Puis comme le docteur lui demandait une bénédiction particulière pour lui et sa famille : « Je vous la donne de tout mon cœur, dit-il : que la protection de Dieu soit sur elle et sur vous. »

Toute la nuit se passa en d'affreuses douleurs, Monseigneur ne savait quelle position prendre ; cependant il se reprochait de ne point souffrir avec assez de résignation : « Mon fauteuil, disait-il, est moins dur que la croix ; mais que je souffre !... Mon Dieu, que je souffre...! » — « Mon Dieu, s'écria-t-il un instant après, unissez mon agonie à la vôtre, » et il retrouva un moment de calme.

Vers cinq heures et un quart on lui dit qu'un de ses prêtres allait célébrer la messe pour lui : « Remerciez-le bien, » répondit-il ; puis il fit le signe de la croix et commença, pour s'unir au divin sacrifice, les prières de la messe et le *Confiteor*.

La Sœur entra et s'assit près de lui : « Vous voilà, dit-il encore : comment avez-vous reposé, ma chère Sœur? Merci, Monseigneur, et comment a été votre nuit? — Très-mal : cela ne peut pas aller autrement. — Vous êtes pourtant toujours bien soumis à la volonté du bon Dieu, Monseigneur? — Oh! toujours!... toujours!... » Ce furent ses dernières paroles ; ses regards ne quittaient plus la croix, ses lèvres la cherchaient sans cesse. Quelques instants après une légère crise allait terminer ses douleurs ; la Sœur redit : « *In manus tuas, Domine, commendo spiritum meum ;* » et l'un de ses prêtres, à genoux à ses pieds, répéta : « *In pace in idipsum dormiam et requiescam.* » Sa tête s'inclina : il s'était endormi dans le Seigneur, et, selon sa parole, il reposait, nous l'espérons, dans la paix et dans le sein même de Dieu.